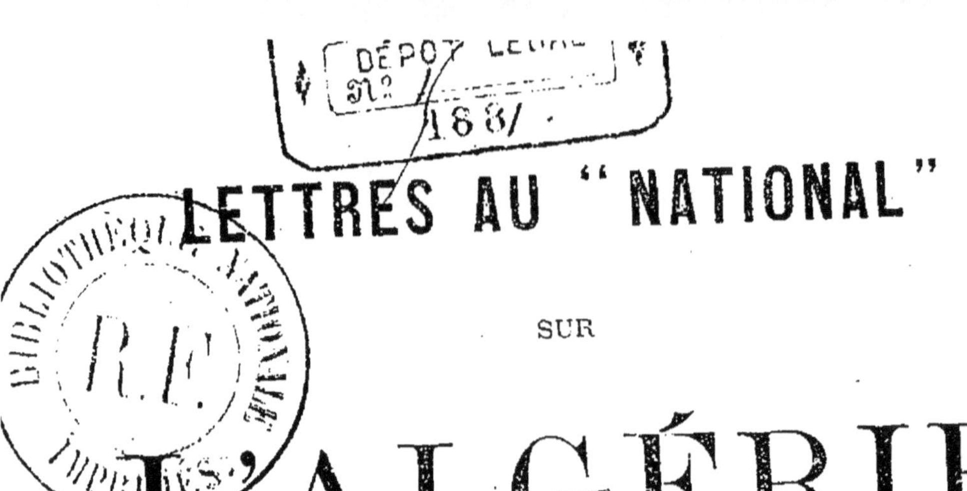

LETTRES AU "NATIONAL"

SUR

L'ALGÉRIE

PAR

M. GASTU

Député du Département d'Alger

ALGER

IMPRIMERIE GÉNÉRALE ALGÉRIENNE, J. PÉCHAUZET

Rue des Consuls, 22

1881

I

Il existe une tendance qui s'est fait jour aussi bien à droite qu'à gauche et dont la presse réactionnaire a essayé habilement de tirer parti. Elle a pour effet de confondre le régime civil et le fonctionnaire qui le représente, de manière que l'insuccès de celui-ci entraînerait la ruine de celui-là. On ne se demande pas si le régime civil constitue une doctrine et une politique à part ; on ne se demande pas si ce régime est inhérent à la nature même des choses, et si par cela même les volontés particulières destinées à l'interpréter sont impuissantes à en compromettre l'avenir. Accoutumé que l'on est à ramener les plus hautes questions à des considérations personnelles, on affecte de mesurer à la taille des individus le sens et la portée des institutions.

Il en est ainsi du régime civil. On veut que ce régime ait prouvé sa faiblesse et son infériorité, parce qu'il a été mal compris de celui-là même qui était chargé de l'inaugurer, et l'on prétend nous ramener en arrière en restaurant le régime militaire. De la part de la droite, cela se comprend. Mais ce serait pure folie, si par impossible, le gouvernement et la gauche allaient glisser dans le piège.

rent promptement. N'eût-il pas mieux valu en prévenir l'explosion en écoutant les réclamations de ces malheureux ?

Concluons. Le régime militaire est un expédient. Il a eu sa valeur, une valeur de circonstance, lorsque la guerre et la pacification étaient l'unique objectif et que les intérêts économiques commençaient seulement à poindre.

La gloire de l'armée réside dans la conquête de l'Algérie. Elle y a montré de précieuses qualités et, comme toujours, une grande abnégation.

Il n'y aurait aucune restriction à faire à son éloge, si ses chefs n'y avaient trop oublié les traditions de la grande guerre et perdu un peu trop de vue les progrès introduits par la science dans l'art militaire.

Mais pendant et après la conquête, une société nouvelle s'est formée en Algérie sous l'influence de la civilisation moderne. Le principe du travail s'est substitué au principe de la piraterie intérieure et extérieure qui était le ressort du gouvernement des Deys. Dès ce moment, le régime civil est devenu une nécessité, parce que l'agriculture, le commerce, l'industrie, éléments essentiels de la vie sociale, ne peuvent être raisonnablement gérés que par une pensée civile. L'armée n'a pas le sens de ces choses. Elle n'est qu'un instrument. Les militaires composent systématiquement une classe à part ; n'ayant pas étudié l'ordre civil, ils n'en ont pas la complète intelligence ; la guerre, telle est pour eux l'intérêt dominant ; la guerre, c'est-à-dire la ruine de tous les autres intérêts.

L'obéissance passive est leur foi ; la foi de la société civile, c'est la liberté individuelle, l'égalité devant la loi. L'arbitraire, telle est la loi militaire.

II

Nous avons précédemment cherché à prémunir l gouvernement et l'opinion publique contre le par qu'on entendait tirer des événements dont l'Algéri est le théâtre. Nons avons indiqué qu'un mot d'ordr circulait dans les rangs de la réaction, qu'il s'agissai de profiter d'un moment de vive émotion pour restau rer le régime militaire. En même temps, nous avon établi à quel point le régime était incompétent pou organiser selon l'intérêt public les populations et le forces productives que l'Algérie renferme. Les hom mes de la droite n'ont pas assurément oublié l'écla tante et loyale conversion d'un des leurs — et non l moindre — au régime civil.

M. Jérôme David, ancien président du Corps légis latif de l'empire, avait servi dans les affaires ara bes pendant plusieurs années. Que disait-il dan son discours au Corps législatif, — séance du 8 mar 1870 ? — Il soutenait qu'il était temps de saisir l pouvoir civil des destinées de la colonie. Il déclarai que la colonisation avait été arrêtée par la prépondé rance de l'autorité militaire, et regrettait que l'antago nisme entre les deux pouvoirs, civil et militaire, eû prolongé une démarcation des plus nuisibles entr Européens et indigènes. Il trouvait que la conditio des indigènes du territoire civil était de beaucoup meilleure que celle des indigènes du territoire militaire ; il faisait l'aveu de ses erreurs.

Désormais, il voulait qu'on fît disparaître le pouvoir des grands chefs indigènes et la distinction des deux territoires ; il voulait qu'on mît l'armée au second rang et qu'on laissât le premier au régime civil. Il disait, résumant sa pensée : Les citoyens français jouissant des mêmes droits et des mêmes garanties qu'en France, point de système exceptionnel et spécial : l'assimilation à la mère-patrie, un système libéral. Voilà à quelles idées s'était arrêté M. Jérôme David, aidé par l'expérience.

A la même époque, un homme appartenant au même parti, M. le comte Lehon, après une enquête impartiale, et qu'il est à jamais regrettable que certains calculs aient stérilisée, aboutissait à cette triple conclusion :

Substitution du pouvoir civil au pouvoir militaire ;

Suppression des bureaux arabes ;

Réformes à la condition sociale des Arabes.

Ce serait faire injure aux orateurs et aux écrivains qui recommandent aujourd'hui de remettre à un général les pouvoirs civil et militaire en Algérie, que de les supposer ignorants ou même oublieux des précédents que nous venons de rappeler.

Le besoin de sécurité, qui prime tous les autres, quelque compromise que soit cette condition de vie sociale, ne suffit pas à expliquer leur attitude. Les forces militaires n'ont jamais manqué pour prévenir ou comprimer un mouvement insurrectionnel en Algérie. L'autorité, d'ailleurs, y dispose comme ressource extrême de la loi sur l'état de siège. Dans les territoires militaires, également dénommés territoires de commandement, tout le monde sait que l'état de siège n'a nul besoin d'y être déclaré, que c'est l'état normal, et que le problème consiste précisément à introduire la légalité sur un sol où le caprice et l'arbitraire se donnent libre carrière.

Il ne peut donc y avoir qu'un intérêt qui porte ainsi les organes des anciens partis à méconnaître les enseignements de l'expérience. Cet intérêt, quel peut-il être? Nous allons essayer de le démêler.

Les anciens partis regrettent naturellement leur influence perdue, et pour la ressaisir, ils rêvent de dictature. Préconiser le retour au régime militaire, vanter les avantages de remettre entre les mains d'un homme d'épée les pouvoirs civils, équivaut à une réhabilitation de la dictature, pour laquelle le pays a une invincible répulsion. Supposé qu'on réussît, avec la complicité des intérêts alarmés et de l'opinion publique abusée, à faire ce pas en arrière, doute-t-on que ce ne fût là un grave succès pour la réaction ?

A coup sûr un pareil événement, s'il pouvait se réaliser, serait de nature à fortifier en elle l'espérance de voir le pays se jeter prochainement dans les bras d'un *pouvoir fort*. Elle y verrait le gage d'un retour de fortune. On s'en apercevrait bientôt, à la hardiesse avec laquelle elle redoublerait ses attaques contre la République elle même. On ne sait pas assez à quel degré l'organisation militaire de l'Algérie a jadis influé sur le sort des libertés en France.

Ce serait peu connaître le ministère que d'admettre, fût-ce un instant, qu'il a pu prêter l'oreille à de telles suggestions. Les hommes qui le composent sont assez clairvoyants pour voir où les conduirait ce replâtrage du régime militaire. Les difficultés actuelles ne sauraient être résolues par un procédé aussi sommaire que celui qu'on propose d'un certain côté. Tout prouve, au contraire, que ce serait une duperie dont sont incapables des hommes d'Etat véritables.

Le malheur est que les hommes politiques qui tiennent au régime militaire ne paraissent pas se douter du mal qu'ils font à l'armée. Qu'ont a gagner nos généraux au gouvernement de l'Algérie? Les aura-t-on grandis parce qu'on les aura mis à même d'exercer, concurremment au commandement des troupes, la direction politique et l'administration civile?

Le vulgaire le croit. C'est ainsi qu'on a pu faire illusion à la France et qu'on a pu lui faire accepter pour des hommes de gouvernement des généraux qui avaient fait leur éducation dans le gouvernement des arabes. Mais la réalité est autre. Malgré le peu de souci que certains gouverneurs ont manifesté pour la presse et l'opinion publique, en dépit des moyens d'intimidation qu'ils ont eus pour peser sur elles, la critique à toujours su faire justice de leur insuffisance ou de leurs abus d'autorité. Ils sont tous sortis du gouvernement amoindris. Quand finira-t-on par comprendre que la place de nos généraux n'est pas ailleurs qu'à la tête des troupes, et quand cessera-t-on de les exposer aux discussions de la politique active?

Ayant reconnu l'impossibilité de renoncer, même provisoirement, au régime civil, il nous reste à dire ce que doit-être ce régime et sous quelle forme il convient de l'organiser.

III

Nous avons promis de nous expliquer sur le caractére essentiel du régime civil et sur la forme qu'il doit revêtir.

Ce qui caractérise le régime civil, c'est l'esprit de légalité.

On ne se rend généralement pas compte du tort que le régime des décrets a fait à nos colonies. Ce n'est pas exagérer que de dire que ce régime y a de tout temps soulevé une véritable réprobation. On y a vu l'expression du despotisme et on s'est tourné vers la loi comme on aspire à la délivrance.

Les plus lointaines comme les plus rapprochées ont protesté contre l'exception dont elles étaient l'objet. Elles ont toujours voulu être assimilées à la métropole, c'est-à-dire qu'elles ont voulu être soumises à la même puissance législative. Elles ont demandé le droit de vivre sous des lois protectrices, tutélaires, comme la République doit en faire, et ne plus dépendre de la distance plus ou moins grande qui les sépare de la mère-patrie, ni de la quantité plus ou moins grande de pigment qui rocouvre le derme des citoyens. Elles ont constamment déclaré qu'elles voulaient être régies par des lois faites dans la métropole et auxquelles leurs représentants auraient pris part, par des lois qui leur permissent de vivre aussi bien à l'étranger qu'en France, sous le même régime (1).

Plus récemment, les habitants de la Cochinchine ont élevé la voix (2). Il suffit, disent-ils, d'examiner à la hâte la législation spéciale de la Cochinchine pour se rendre compte du désordre qui y règne en toutes matières, nul ne s'étant jamais donné la peine de coordonner les mesures nouvellement édictées avec les anciennes. Ils demandent de bien vouloir les enlever au régime exceptionnel des décrets et leur rendre applicable le droit commun de tous les citoyens français, soit qu'ils vivent sur le sol de la métropole ou dans les autres contrées abritées par le drapeau français, le droit d'être régis par des lois discutées, élaborées et votées par les représentants de la nation, droit auquel il convient d'ajouter celui non moins important de participer eux-mêmes à la formation des assemblées de ces représentants par la nomination de membres chargés de défendre leurs intérêts.

Il y a entre le régime de la loi et celui des décrets la même différence qui existe entre le gouvernement du pays par le pays et le gouvernement de la bureaucratie. Dans une société où dominent le respect du droit et le souci de tous les intérêts, le pouvoir législatif est distinct du pouvoir exécutif. La loi est l'œuvre des mandataires de la population. Ils posent les principes,

(1) Discours de M. Lacascade, député de la Martini (*Officiel* du 30 juin 1876.)

(2) Pétition à la Chambre des députés.

ils tracent les règles. Après quoi, le pouvoir exécutif fait des décrets afin de pouvoir guider les fonctionnaires dans l'application des principes posés par le législateur.

Rien de pareil en Algérie. Le décret y a servi à deux fins. Il a été indifféremment employé à la formation de la loi et à sa mise en exécution. Il a réuni dans la même main le législatif et l'exécutif. Il a exclu les citoyens des affaires publiques. S'il a parfois traduit le vœu de l'opinion, ça été par un simple effet du hasard. Cette opinion, au surplus, étant tenue en suspicion a été sans cesse comprimée. Pour l'empêcher d'être étouffée, il a fallu toute l'énergie des colons. « J'ai eu soin, écrivait aux trois préfets le gouverneur général le 11 juin 1864, de rappeler que les décrets, les règlements, l'organisation, ces émanations des grands pouvoirs de l'État, ne devaient pas être discutés. »

On comprend ce qu'un pareil système peut produire, lorsqu'un seul homme est en possession de faire la loi, de l'interpréter et d'en surveiller l'exécution. Le fonctionnaire est tout, la population rien. Les droits des citoyens, la fortune publique sont dépourvus des moindres garanties. La presse est en tutelle, le contrôle fictif, la vérité obsurcie. Les individus se retirent dans l'égoïsme de leurs affaires personnelles sans s'attacher au pays. L'immigration est timide et n'augmente que faiblement la population.

Deux inconvénients de la législation des décrets ont principalement frappé les esprits. L'un est l'instabilité, l'autre la confusion. Ces deux défauts ont pour cause unique l'arbitraire. Il existe un troisième inconvénient qui a été moins aperçu.

Le régime des décrets échappant à la discussion

publique, empêche la nation de s'instruire des affaires coloniales. Ces affaires sont le privilège d'un petit nombre de personnes qui peuvent d'autant mieux en tirer parti que les bureaux sont omnipotents. Si nos colonies sont si peu connues, il faut l'imputer au régime des décrets. Les questions coloniales seront vulgarisées par le régime de la loi. Instabilité, confusion, ignorance générale de ses affaires, ce sont là les fruits que l'Algérie a recueillis de l'ordonnance du 5 juillet 1834, disposant que les possessions françaises du nord de l'Afrique seraient régies par des ordonnances. Les réclamations contre cette ordonnance sont déjà vieilles. Dès 1845, elles étaient arrivées à l'oreille du pouvoir. A cette époque, le président du conseil, maréchal Soult, écrivait dans un rapport au roi : « L'administration peut entrer dans une voie de progrès qui rapproche davantage des règles et de la hiérarchie des pouvoirs. Ainsi disparaîtra de la législation de l'Algérie l'ordonnance du 5 juillet 1834 qui, faite pour une situation encore incertaine et difficile, serait *aujourd'hui* en désaccord avec celle mieux affermie et plus avancée qui lui a succédé. »

L'évolution s'accomplit sous la République de 1848 (art. 109 de la Constitution.) Elle se manifesta par une série de lois dont les plus importantes concernent la propriété et le régime commercial.

L'Algérie ne conserva pas longtemps le bénéfice de cet heureux changement. Il lui fut ravi par l'Empire. La main du pouvoir personnel s'étendit sur elle comme sur la France. Bien que le Sénat fût chargé de sa Constitution, privilège dont il n'a été fait usage que dans deux circonstances, ce furent les décrets qui décidèrent de ses intérêts.

Mais ce mode était incapable d'assurer la bonne administration. Il fallut se rendre à l'évidence Dans sa séance du 9 mars 1870, le Corps législatif vota à l'unanimité l'ordre du jour suivant : « Le Corps législatif » après avoir entendu la déclaration du gouvernement » sur les modifications qu'il se propose d'apporter au » régime législatif auquel l'Algérie se trouve actuelle» ment soumise, et considérant que dans l'état actuel » des choses en Algérie, l'avènement du régime civil » paraît concilier les intérêts des Européens et des in» digènes, passe à l'ordre du jour. »

Or, le gouvernement avait proclamé son intention d'enlever l'Algérie au régime des sénatus-consultes, pour la placer sous l'égide de la loi.

Survint l'Assemblée nationale. Sans abroger expressément le régime des décrets, elle s'abstint d'en faire usage dans ce qui était du domaine de la loi. Jusqu'au 24 mai 1873, elle exerça son pouvoir législatif sur l'Algérie comme sur tout le reste du territoire. La nomination du général Chanzy aux fonctions de gouverneur général fut un retour formel à l'ordonnance de 1834. Les députés de l'Algérie firent entendre une protestation.

Dans les observations présentées dans la vingtième commission d'initiative parlementaire, ils terminaient ainsi : « Au régime des décrets, qui alarme tous les esprits sérieux par ses allures arbitraires et mouvantes, nous demandons que l'Assemblée nationale substitue enfin, et définitivement, le régime de la loi, le seul qui soit digne du respect des citoyens de la grandeur des intérêts engagés et des prérogatives de l'Assemblée nationale. »

Le régime de la loi, tel est le seul objet dans lequel se peuvent résumer toutes les aspirations de l'Algérie.

Dans les élections aux différents degrés : municipales, départementales, législatives, il est le point saillant de tous les programmes ; il apparaît comme un refuge contre l'arbitraire. C'est de lui qu'on attend une législation harmonique et stable.

On peut dire que sans lui le régime civil n'existe pas et que le régime militaire subsiste tant que le régime des décrets n'est pas aboli. Vainement dira-t-on que le gouverneur appartient à l'ordre civil, que la pratique s'est établie de faire appel à la loi et qu'on jouit de ses bienfaits. La remarque n'est pas inutile ; mais quelle que soit son importance, suffit-elle à caractériser une situation politique ?

C'est d'après le droit en vigueur, sans tenir compte des faits contingents, qu'une telle situation doit être appréciée. Or, le droit en vigueur, c'est l'ordonnance de 1834 qui donne sa vraie physionomie au régime militaire. Tant que cette ordonnance existera, nous n'en aurons pas fini avec ce régime.

On s'explique difficilement qu'en présence d'un vœu aussi constant et aussi unanime, le premier acte du gouverneur général civil n'ait pas été de demander aux Chambres une affirmation solennelle qui aurait désormais placé l'Algérie sous l'autorité des lois. Cette initiative, en l'honorant, aurait été de bon augure pour son administration. Il a préféré s'en remettre à une commission extra-parlementaire. Il y a produit un projet compliqué, où respirait la pensée de laisser la grosse part au régime des décrets et de restreindre autant que possible le domaine de la loi. Il était pourtant si simple de dire que les affaires algériennes seraient réglées par des lois, des décrets ou des arrêtés ministériels, suivants les distinctions établies entre ces termes par le droit commun.

C'est ce que la commission n'a pas hésité à proposer.

IV

Nous avons établi que le régime civil puisait sa force dans l'amour de la loi, qu'il répudiait avec énergie le système des décrets en tant que procédé législatif, et qu'il ne reconnaissait d'autre puissance législative que celle des Chambres.

Recherchons maintenant la forme la plus propre à assurer le meilleur fonctionnement de ce régime. Nous sommes forcés de choisir entre trois organismes différents : le gouvernement général, l'autonomie, l'assimilation.

Jamais examen n'est venu plus à propos. Depuis quelques jours, on a suscité au sein des assemblées locales de l'Algérie un mouvement qui dénote un certain désarroi dans les hautes régions administratives. Ces assemblées si dévouées, et d'ordinaire si clairvoyantes, ont-elles, cette fois, pénétré les secrets desseins qu'on les appelait à servir ?

Un évènement parlementaire a ébranlé une haute situation politique. Les députés de l'Algérie ont rempli le devoir qui leur était imposé. L'opinion publique attend une satisfaction qui ne vient pas. Qu'y a-t-il donc ? Ne voyez-vous pas que le terrain de la lutte n'est pas où vous croyiez ? Il s'agit bien de la Chambre et de la responsabilité ministerielle ! Ce sont les députés algériens qui sont les auteurs de tous les maux. Ce sont eux qu'il convient de prendre à partie. On va les interpeller à leur tour. On croit avoir tout préparé pour avoir deux conseils généraux sur trois et bon nombre de conseils municipaux. C'est là que leurs actes seront jugés et sévèrement blâmés. Qui oserait prétendre que les députés de l'Algérie représentent l'Algérie ?

L'Algérie n'a de vrais représentants que ses conseillers municipaux et ses conseillers généraux. Elle désavoue ses députés. En revanche, elle approuve son gouvernement et le venge des injustices dont on l'abreuve en lui témoignant une absolue confiance. Voilà le plan qui a été conçu et qu'on est en train de réaliser. On n'a jamais fait aussi bon marché de la vérité politique. On n'a jemais aussi prestement esquivé les plus évidentes responsabilités. On n'a jamais eu moins de souci de la paix des esprits, si nécessaire à la prospérité de l'Algérie.

Daus quel but ressusciter les débats sur les responsabilités engagées dans les évènements dramatiques du Sud-Ouest ? On croyait que la Chambre avait dit le dernier mot. Il n'en était rien. Il importait, paraît-il, d'en appeler de la Chambre au conseil général d'Oran.

N'envisageons pour l'instant que la question des rattachements. Le gouverneur général a fait nommer la commission extra-parlementaire. Après avoir fait entrer dans son programme les rattachements, il les a combattus plus tard. Finalement, il les acceptés tous. Sans autorité suffisante, flottant, hésitant, aucune de ses vues n'a prévalu. Est-ce pour cela qu'il se réjouit des attaques dont la commission est l'objet ? Ne devrait-il pas faire respecter le gouvernement ? On connaît la signification de ce mot *rattachement*. Jusqu'à ce jour, le gouvernement de l'Algérie a été dévolu, ou, pour mieux dire, *abandonné* à un haut fonctionnaire servi par un certain nombre de bureaux — secrétariat général — et assisté par un conseil — conseil de gouvernement. Dans le principe, tous les services publics sans exception rentraient dans ses attributions. Tant que le principal intérêt a été celui de la conquête, cette concentration de pouvoirs a été supportable. Mais quand la pacification a été accomplie et que le pays a cessé d'être un champ de bataille pour devenir un champ de travail, cette concentration n'a plus été qu'une gêne.

Un gouverneur peut être un fort habile général ou un très-éloquent avocat, il est impossible qu'il réunisse en lui toutes les autres spécialités, et qu'il soit également capable de conduire à lui seul les finances, l'instruction publique, les travaux publics, et le reste. Fût-il universel, il est à supposer que le temps ne lui permettrait pas d'appliquer utilement son attention sur tant d'objets à la fois. Qu'on ne dise pas que cette concentration favorise l'unité de vues. Je répondrais qu'elle produit fatalement l'absence de vues. Ne pouvant suffire à tout, un gouverneur ainsi surchargé arrive forcément à s'en remettre de tout à ses bureaux. Le gouverneur règne, les bureaux gouvernent. On comprend que cette excessive concentration de pouvoirs soit la violation flagrante de cette loi universelle de la division du travail. Les rattachements ne sont que l'application aux services de l'Etat en Algérie de cette loi à laquelle toute industrie doit ses succès ou ses revers, suivant qu'elle est observée ou méconnue.

Aussi l'opinion s'est-elle toujours montrée favorable à une mesure qui, si elle tendait à diminuer l'importance du gouverneur et de ses bureaux, plaçait la direction des affaires aux mains d'hommes plus compétents, et chacune d'elles dans son compartiment naturel, réalisant ainsi l'adage « A chacun son métier. »

L'histoire de l'Algérie atteste que les rattachements ont coïncidé avec les époques où la liberté, le contrôle et la responsabilité ont prévalu, en France, dans la conduite des affaires. La République de 1848 a simultanément réalisé l'émancipation politique de l'Algérie et le rattachement de ses services les plus importants : instruction publique, justice, cultes. L'Empire a suivi une politique inverse. Il a purement et simplement supprimé la représentation algérienne, et s'il n'a pas touché aux rattachements accomplis, il s'est bien gardé d'en effectuer de nouveaux. La République de 1870 a repris la tradition de sa devancière.

L'expérience elle-même s'est prononcée. Il est de notoriété que les services rattachés fonctionnent avec régularité et ne donnent lieu à aucune plainte sérieuse. Peut-on en dire autant de ceux que dirige le gouvernement général? Rien ne serait plus instructif que de les prendre l'un après l'autre. Mais ce serait là une œuvre de trop longue haleine. Deux exemples, ou plutôt deux témoignages, suffiront à éclairer ceux qui nous liront. Il s'agit de la constitution de la propriété indigène, opération capitale s'il en fut. Comment fonctionne ce service, qu'il ne faut, à aucun prix, dit-on, soustraire à la haute direction du gouverneur? La réponse, c'est un ancien directeur général des affaires de l'Algérie qui va la faire. Voici ce que dit dans un récent travail M. Regnault, aujourd'hui préfet du Loiret : « Les commissaires enquêteurs et les brigades topographiques, rétribués au prorata des travaux effectués, opèrent isolément, sans lien, sans entente d'aucune sorte ; et l'on peut craindre que le désir de grossir leurs émoluments ne les entraîne à aller le plus vite possible. » Et M. Regnault ajoute en note : « Certains tarifs procurent des rémunérations excessives, notamment ceux des levés généraux. Il y a des *chefs de brigade qui ont gagné jusqu'à 125,000 francs dans une année, et de simples arpenteurs sous leurs ordres, 25,000 et 30,000 francs. Il reste à savoir comment le travail a été fait.* » Qu'en pensent les adversaires des rattachements ?

Prenons les travaux publics, spécialement les travaux maritimes. Voici l'opinion du savant amiral Mouchez, que nous avons déjà cité au début : « L'administration n'a jamais rien fait pour améliorer la situation du littoral ; pour faire comprendre à quel point la côte est négligée par les différents services qui auraient tant d'intérêt à a connaître et à s'en occuper, il me suffira de dire qu'aucun de ces services n'a encore éprouvé le besoin d'en avoir la carte à grande échelle au 1|25000.

Une copie de cette carte en soixante feuilles, exécutée en 1873 pour M. le gouverneur général de Gueydon, a été dispersée et perdue peu de temps après son arrivée à Alger, et depuis elle n'a pas été refaite. » Et plus loin M. Mouchez, après avoir critiqué la façon dont les ports de l'Algérie ont été compris et déclaré que pas un seul ne satisfaisait aux principales conditions qu'on serait en droit d'exiger, après les sacrifices qu'ils ont coûtés à l'Etat, continue en ces termes : « Cette situation s'explique très facilement par ce fait qu'il n'y a jamais eu en Algérie d'autorité ni de direction nautique chargée de surveiller ces travaux au point de vue des besoins et des intérêts maritimes qui était les plus urgents à satisfaire. »

Ainsi de la plupart des services non rattachés. Et pourtant, de quels précieux intérêts n'ont-ils pas la charge ! Sait-on pourquoi les rattachements sont indispensables ? Que l'on jette les yeux sur le tableau suivant :

	Habitants	Kilomètres carrés.
Belgique.	5.403.000	29.456
Hollande.	3.688.000	32.841
Suisse.	2 669 000	41.418
Danemarck.	1.784.000	38.208
Grèce	1.457.800	52.189
Algérie . . , . . .	*3.000.000*	*350.000*

Il ressort de cette comparaison que l'Algérie est supérieure en superficie à tous les petits Etats de l'Europe et que, pour la population, elle les surpasse encore, à l'exception de la Belgique et de la Hollande.

Cependant, tandis que les petits Etats disposent d'un appareil complet de gouvernement, Chambres et ministres, l'Algérie doit se contenter du gouvernement d'un seul. Comprend-on maintenant pourquoi nous voulons des rattachements ?

Ne faut-il pas que l'Algérie cesse d'être en butte à ce malaise permanent et à ces crises périodiques dont elle ne voit pas bien la cause ?

La vérité est que du gouvernement et de l'administration, elle n'a, je ne dirai pas que les apparences, mais que l'approximation.

Il faut lui en donner la réalité.

Comment y parvenir ? Il y a deux méthodes, ayant chacune ses partisans, et qui se disputent avec une égale tenacité la direction de l'Algérie. L'une tend à la transformation du gouvernement général, et celui-ci n'a garde de lui refuser ses sympathies. J'ai nommé l'autonomie. L'autre, au contraire, fidèle à la tradition, vise à son absorption par le gouvernement de la métropole. Je veux parler de l'assimilation. Par la création des communes, des départements, par l'accès de l'Algérie dans les deux Chambres, l'assimilation a fait la moitié du chemin, et elle serait arrivée à son terme sans les résistances du gouvernement général, qui, malgré les défe tuosités de son organisme, ne consent pas à disparaître. C'est au pays de prononcer.

C'est aux électeurs à faire cesser ce funeste dissentiment. Croient-ils à l'autonomie ? Pensent-ils comme le journal l'*Akhbar* et divers organes du département d'Oran, qu'il faut une Constituante à Alger, des Chambres algériennes, des ministres algériens ? L'obtiendraient-ils de la France ? Qu'y gagneraient-ils? Il faut qu'ils répondent à toutes ces questions ! Qu'ils sachent avoir un programme et que leurs divergences cessent de paralyser leurs mandataires. Quant à nous, partisans convaincus de la décentralisation administrative au profit des Conseils municipaux et généraux, nous ne croyons pas à l'autonomie. Chaque peuple a son génie. C'est, je crois, avec juste raison, qu'on nous a appelés le peuple du sentiment. C'est ce qui explique notre préférence pour l'assimilation, non-seulement en Algérie, mais partout ailleurs, dans nos colonies les plus lointaines.

Et pour terminer par le mot qui est revenu si souvent sous notre plume dans le cours de ces observations, c'est avec une entière conviction que nous dirons aux Algériens :

Pas de rattachements, pas de réformes !

GASTU,
député d'Alger.

www.ingramcontent.com/pod-product-compliance
Lightning Source LLC
LaVergne TN
LVHW010251230826
846091LV00007B/2906
9782013424936